Ursula Ritte

Bunt wie der Herbst

Wir basteln mit Naturmaterial & Papier

CHRISTOPHORUS
BRUNNEN-REIHE

Inhalt

Bunter Herbst

Im Herbst verwandelt sich das Grün des Sommers in schöne warme Gelb-, Orange-, Rot- und Brauntöne. Bei ausgiebigen Spaziergängen lassen sich jetzt Naturmaterialien sammeln, die sich bestens zum Basteln eignen: Blätter, Kastanien, Eicheln, Hagebutten, Zapfen und vieles mehr. Zu Hause werden die Schätze sortiert und zum Trocknen auf Zeitungspapier ausgelegt. Blätter lassen sich gut in Büchern pressen. Je vielfältiger die Materialauswahl ist, desto schneller kommen dann die Herbstbastelideen. So werden aus Eicheln lustige Männchen, aus bunten Blättern dekorative Kränze oder kleine Blättermäuse. In Kombination mit bunten Papieren entstehen freche Gespenster, lustige Kürbisse oder kleine Uhus.

Viel Spaß beim Sammeln und Basteln!

Ihre

Ursula Ritter

Tipps

Naturmaterial sammeln

■ Naturmaterial bitte immer umweltverträglich sammeln, denn nur ein verantwortungsbewusster Umgang mit der Natur sichert den Sammel- und Bastelspaß in den folgenden Jahren. Keine Zweige von Sträuchern und Bäumen reißen, das ergibt Wunden. Die Pflanzen können krank werden und absterben. Nach Zweigen auf dem Boden schauen oder Zweige von gefällten Bäumen verwenden.
Die meisten Früchte fallen von allein ab, auch hier wieder den Boden absuchen und nichts abreißen, sondern höchstens mit der Schere abschneiden.

■ Unter Naturschutz stehende Pflanzen sind tabu.

■ Das Material langsam und schonend an der Luft trocknen, damit es nicht zu stark schrumpft. Nicht auf oder neben die Heizung legen.

■ Herbstblätter einzeln zwischen saugfähigem Papier, zum Beispiel Zeitungspapier, mehrere Tage pressen.

■ Zum Sammeln und Aufbewahren am besten Stofftaschen oder Kartons verwenden. In Plastiktüten faulen und schimmeln die meist noch feuchten Naturmaterialien leicht.

Vorlagen übertragen

■ Die Vorlagenzeichnung mit Kohlepapier direkt auf das entsprechende Papier übertragen. Da das Naturmaterial immer eine unterschiedliche Größe hat, die Vorlage eventuell entsprechend anpassen, z. B. mit dem Fotokopierer vergrößern oder verkleinern.

■ Wenn Motive mehrfach benötigt werden, eine Schablone anfertigen: das Motiv auf Transparentpapier (Butterbrotpapier oder Architektenpapier) übertragen. Mit Klebestift flächig auf dünne Pappe kleben und ausschneiden. Die Schablone auf das Werkmaterial legen und die Umrisse mit Bleistift nachfahren.

Kleben

■ Hierfür eignen sich, je nach Material, UHU Bastelkleber (ohne Lösungsmittel), oder UHU Alleskleber. Für schwierige Teile ist die Klebepistole LT 110 von UHU zu empfehlen. Sie arbeitet mit niedrigerer Temperatur als die üblichen Heißklebepistolen und kann auch von Kindern unter Aufsicht gut bedient werden.

Die Arbeit mit der Klebepistole erspart das Warten, bis der Klebstoff trocknet, denn die verklebten Teile halten sofort zusammen. Dafür muss man die Teile schnell zusammenfügen, sonst ist der Klebstoff abgehärtet.

Hilfsmittel

Diese Hilfsmittel werden immer wieder benötigt und sind deshalb bei den Einzelbeschreibungen nicht mehr aufgeführt: Bleistift, wasserfester Filzstift in Schwarz, Schere, Bürolocher, Klebstoff, Kohlepapier, Transparentpapier (Butterbrot- oder Architektenpapier), dünne Pappe, Lineal, Falzbein.

Blätter-Mäuse

Material

- Gepresste Blätter
- Früchte des Ahorns
- Pfeifenputzer oder Chenilledraht in Schwarz
- Bast in Natur
- Pompons in Schwarz, 10 mm ∅
- Pluster Pen in Schwarz

Vorlage A

1 Pfeifenputzer frei oder nach der Zeichnung auf dem Vorlagebogen als Beine und Schwänze für die Mäuse zurechtbiegen und auf die Unterseiten der gepressten Blätter kleben.

2 Ahornfrüchte als Ohren auf der Blattoberseite fixieren. Barthaare aus Bast aufkleben. Die Nase mit Pluster Pen aufmalen oder einen Pompon ankleben. Augen und eventuell einen Mund ebenfalls mit Pluster Pen andeuten.

Gespenster

Abbildung & Materialangaben Seite 8

1 Gespenster und Rabe nach den Vorlagen aus Fotokarton ausschneiden und der Abbildung entsprechend ausgestalten.

2 Für den Besen getrocknetes Gras bündeln, einen kleinen, geraden Zweig als Besenstiel einstecken und mit Bast fest abbinden.

3 Gespenster und Rabe auf den Besen kleben. Eine Lampionblüte mit Draht befestigen.

Gespenster

Material

- Getrocknetes Gras
- Getrocknete Blätter
- Gerader Zweig
- Lampionblüte

- Fotokarton in Weiß
- Pünktchen-Karton
- Tonpapier in Gelb, Schwarz
- dünner Silberdraht

- Klebepunkte in Schwarz, 8 mm ∅
- Wackelaugen, 4 mm ∅
- Marabufeder in Schwarz

Anleitung Seite 6

Vorlage B

Tischkarten

Material

- Zapfen, z. B. von Douglasie, Lärche
- Gepresste Blätter, z. B. von Ahorn oder Ginkgo
- Früchte des Ahorns
- Fruchthüllen der Buche
- Kleiner Zweig
- Federn
- Rest von Webpelz in Beige
- Pluster Pen in Gelb und Schwarz

1 Einen kleinen Zapfen quer auf die Unterseite eines größeren kleben.

2 Als Flügel Früchte des Ahorns zwischen die Schuppen des großen Zapfens kleben. Einen Webpelzrest als Brustgefieder und eine halbierte Buchenfruchthülle als Füße ankleben. Hinten Ahornfrüchte als Schwanzfedern befestigen.

3 Kleinere Ahornfrüchte als Kopffedern fixieren. Augen und Schnabel mit Pluster Pen andeuten.

4 Die Vögel auf einen Zweig kleben, dabei auf Standfestigkeit achten.

5 Den Namen des Gastes mit Pluster Pen auf ein gepresstes Blatt schreiben und das Blatt an einem der Vögel befestigen.

Sarah
Anna

Herbstliche Töpfe

Material

- Rosentöpfe
- Gepresste Blätter
- Naturmaterial wie Hagebutten, Maiskolben, Zierkürbisse
- Serviettenkleber
- Breiter Pinsel

1 Den Tontopf gleichmäßig und dünn mit Serviettenkleber bestreichen.

2 Die Blätter aufdrücken, alles mit Serviettenkleber überstreichen und trocknen lassen.

3 Den Topf mit Naturmaterial füllen.

Wichtel

Abbildung & Materialangabe Seite 14

1 Zwei Pfeifenputzer nach der Zeichnung auf dem Vorlagebogen biegen. Verbindungsstellen mit der Klebepistole fixieren.

2 Mit Pluster Pen Augen, Nase und Mund auf eine Eichel malen. Als Hut ein Eichelhütchen, eine Fruchthülle der Buche oder eine Fruchtschale des Blauglockenbaumes aufsetzen. Eventuell eine Feder ankleben.

3 Die Eicheln mit der Klebepistole an die Arme und Beine aus Pfeifenputzer kleben. Die Haltung der Figur so lange korrigieren, bis sie aufrecht steht. Zur Stabilisierung eventuell auf ein Herbstblatt oder einen halben Kastanien-Igel kleben. Blüte, Gras o. ä. an einer Hand befestigen.

TIPP

Wenn keine Klebepistole zur Verfügung steht, die Klebestellen mit Knetmasse unterlegen, bis der Klebstoff getrocknet ist.

Wichtel

Material

- Eicheln
- Getrocknete Blüten
- Fruchthüllen der Buche, Eiche oder Früchte des Blauglockenbaumes
- Fruchthüllen der Rosskastanie
- Federn
- Pfeifenputzer in Rot, Gelb, Grün, Blau, Schwarz

Anleitung Seite 12

Vorlage C

Eule mit Herbstkette

Material

- Kiefernzapfen
- getrocknete Blätter
- Lampionblüten
- getrocknete Beeren
- Bouillon-Effektdraht
- Wackelaugen, 8 mm Ø

1 Zwei Wackelaugen auf die Unterseite des Kiefernzapfens kleben und bunte Herbstblätter als Schwanzfedern an der Zapfenspitze fixieren. Die Eule auf ein Aststück kleben.

2 Die einzelnen Teile der Kette mit Draht auffädeln bzw. umwickeln und am Aststück der Eule befestigen.

TIPP

An beiden Enden des Aststückes einen Nylonfaden anbringen und die Fäden mit Klebefilm am Fensterrahmen befestigen.

Pflanzenstecker

Material

Vogel

- Gepresste Blätter, z. B. von Eiche, Buche, Ginkgo
- Früchte des Ahorns
- Esskastanie
- Kürbiskerne
- Feder
- Glatter Zweig oder Holzstab
- Pluster Pen in Schwarz

Fliege

- Eichel
- Früchte des Ahorns
- Blattstiele, Stängel o. ä.
- Zweig
- Pluster Pen in Weiß, Schwarz

Krebs

- Kiefernzapfen
- Fruchthüllen der Robinie
- Zweig
- Pluster Pen in Gelb

Vogel

Blätter für Körper und Flügel auswählen und anordnen, für die Grundform am besten große Eichenblätter verwenden. Blätter aufeinander kleben und an der Rückseite einen glatten Zweig oder einen Holzstab anbringen. Kastanie als Kopf ausgestalten und aufkleben.

Fliege

Ahornfrüchte als Flügel, Blattstiele als Fühler auf die Eichel kleben und Augen aufmalen. Zweig ankleben.

Krebs

Sechs Fruchthüllen der Robinie in den Kiefernzapfen einstecken und fixieren. Augen aufmalen und den Zweig ankleben.

Säckchen

Material

- Reagenzgläser aus der Apotheke
- Zellglasbeutel (Bodenbeutel)
- Naturmaterial, z. B. getrocknete Gräser und Blätter, Mais, Hagebutten, Lavendel, Früchte der Esche, Kastanien

1 Den oberen Rand des Beutels mehrmals umschlagen.

2 Leeres Reagenzglas in den Beutel stecken, festhalten und mit der anderen Hand Naturmaterial so in den Beutel füllen, dass das Glas aufrecht stehen bleibt.

3 Das Glas wie eine Vase mit Lavendel, Hagebutten usw. füllen, die Stiele passend kürzen.

Kürbisse

Abbildung & Materialangaben Seite 22

1 Alle Teile nach den Vorlagen ausschneiden. Für die Innenausschnitte einen Cutter oder eine kleine, spitze Schere verwenden.

2 Die Kürbisse der Abbildung entsprechend ausgestalten. Zuletzt Schleifen aus rotem oder naturfarbenem Bast aufkleben.

Kürbisse

Material

- Fotokarton in Orange
- Tonpapierreste in Weiß, Schwarz
- Moonrock oder Maulbeerbaumpapier in Grün, Rot, Gelb
- Bast in Natur und Rot

Anleitung Seite 20

Vorlage D

Blätter-Kranz

Material

- Herbstblätter
- Hagebuttenzweige
- Blumendraht, ca. 50 cm
- Bast in Natur und Rot

1 Herbstblätter auf den Draht fädeln, immer wieder fest zusammenschieben. Einen Kranz formen und die Drahtenden zu Schlaufen biegen.

2 Eine Schleife aus rotem und naturfarbenem Bast binden, Hagebuttenzweige mit einfassen und am Kranz befestigen.

Igel

Abbildung & Materialangaben Seite 26

1 Alle Papierteile nach den Vorlagen ausschneiden.

2 Die braune Grundform mit gepressten Blättern bekleben.

3 Die Igel der Abbildung entsprechend zusammenkleben, ausarbeiten und auf der Grundform fixieren.

4 Das Fensterbild mit weiteren Naturmaterialien wie Ahornfrüchten, Kastanien, Lampionblüten bekleben.

Igel

Material

- Gepresste Blätter
- Fotokarton in Braun, Blau
- Karo-Karton
- Elefantenhaut in Beige
- Wellpappe in Braun
- Pompon in Schwarz, 10 mm ∅
- Klebepunkte in Weiß und Schwarz, 8 mm ∅
- Wackelaugen, 12 mm ∅

Anleitung Seite 24

Vorlage E

Spinnen im Netz

Material

Kranz

- Gepresste Blätter
- Kastanien
- Zweige
- Wolle

Spinne

- Kiefernzapfen
- Pfeifenputzer in Schwarz
- Holzperlen
- kleiner Handbohrer oder Vorstecher

Spinnennetz

1 Vier Löcher so in die Kastanie bohren, dass sich jeweils zwei Löcher gegenüberliegen. Etwa 30 cm lange, gerade Zweige einstecken.

2 Die Wolle, an der Kastanie beginnend, um die Zweige weben, zunächst dichter, dann mit immer weiteren Abständen. Den Wollfaden am Zweigende verknoten.

Spinnen

1 Vier Pfeifenputzer als Beine zwischen die Schuppen des Kiefernzapfens klemmen und zurechtbiegen.

2 Holzperlen als Augen ankleben. Mit Pluster Pen Punkte auftupfen.

Kleine Uhus

Abbildung & Materialangaben Seite 30

1 Papprollen mit Moonrock oder Maulbeerbaumpapier ummanteln (für eine kleinere Eule die Papprolle vorher kürzen).

2 Die Papprollen der Zeichnung auf dem Vorlagebogen entsprechend eindrücken, damit die Kopfform entsteht.

3 Gepresste Blätter als Federn am Kopf und als Flügel bzw. als Füße aufkleben. Kürbiskerne mit aufgeklebter oder aufgemalter Pupille ankleben. Schnabel aus Tonpapier ankleben.

Kleine Uhus

Material

- Gepresste Blätter
- Kürbiskerne
- Pfefferkörner oder Pluster Pen in Schwarz
- Papprollen, z. B. von Toilettenpapier
- Moonrock oder Maulbeerbaumpapier
- Rest von Tonpapier oder Wellpappe in Gelb

Anleitung Seite 28

Vorlage F

Impressum

ISBN 3-419-56459-7

Lektorat und Produktion:
Elke Fox, Freiburg

Styling und Fotos:
Christoph Schmotz, Freiburg

Covergestaltung und Layoutentwurf:
Network!, München

Coverrealisierung:
smp, Freiburg

Druck:
Freiburger Graphische Betriebe

Wir sind für Sie da, wenn Sie Fragen haben.
Und wir interessieren uns für Ihre eigenen Ideen und Anregungen.
Schreiben Sie uns, wir hören gern von Ihnen!
Ihr Christophorus-Team

Christophorus-Verlag GmbH
Hermann-Herder-Str. 4
79104 Freiburg
Tel.: 0761/ 27 17-0
Fax: 0761/ 27 17-3 52
oder e-mail:
info@christophorus-verlag.de

Aus der Brunnen-Reihe

3-419-56320-5

3-419-56395-7

3-419-56221-7

3-419-56318-3

3-419-56319-1